SADAM HUSEIN

El ascenso y la caída del dictador iraquí

Historia · en50MINUTOS.es

SADAM HUSEIN

El ascenso y la caída del dictador iraquí

Por Mylène Théliol
Traducido por Marina Martín Serra

Historia · en50MINUTOS.es

SADAM HUSEIN

- **¿Nacimiento?** El 28 de abril de 1939 en Al Auya, un pueblo cerca de Bagdad (Irak).
- **¿Muerte?** Ejecutado el 30 de diciembre del 2006 en Bagdad.
- **¿Trayectoria profesional?**
  - Vicepresidente de la República de Irak entre 1971 y 1979.
  - Militar y presidente de la República de Irak de 1979 a 2003.
- **¿Principales acontecimientos?**
  - Instauración de una dictadura personal y autoritaria en Irak entre 1979 y 2003.
  - La guerra Irán-Irak (1980-1989).
  - La segunda guerra del Golfo (1990-1991).

Durante el siglo XX, muchos dictadores han salido de las sombras y han situado en primer plano su propia visión política del mundo, favoreciendo la expansión territorial y económica de sus países. Al igual que Alemania o la Unión Soviética, el mundo árabe-musulmán también ha experimentado la supremacía de un estadista, Sadam Husein, con unas ideas imperialistas basadas en la voluntad de dominar los países árabes y de afirmar su país, Irak, como la nueva Babilonia antigua.

Sadam Husein, que procede de un entorno rural pobre, logra llegar a la cima del poder. El hombre fuerte de Oriente Medio pretende ser el embajador de las ideas panárabes y el defensor de la laicidad republicana árabe frente al creciente auge de un islamismo extremista que asola el país vecino, Irán, y que inspira temor en todos los países occidentales y árabe-musulmanes. Para frenar esta influencia, instaura una dictadura personal y autoritaria en Irak, apoyándose en su familia y su tribu, el clan sunita, y oponiéndose a los chiítas, demasiado religiosos, así como a los kurdos, demasiado independentistas.

Durante más de 20 años, Husein impone un sistema político que combina los conceptos dictatoriales soviéticos y nazis con los procedentes de las ideologías árabes y tribales. Su autoridad en Oriente Medio lo conduce a entrar en guerra contra Irán y a atribuirse un territorio independiente — Kuwait— sin temor a la oposición internacional ni a la de los Estados Unidos. Los errores de estrategia militar que comete a partir de los años noventa merman su poder de liderazgo en Irak, país que poco a poco se sume en el caos.

BIOGRAFÍA DE SADAM HUSEIN

Retrato de Sadam Husein.

LA AFILIACIÓN AL PARTIDO BAAZ

Sadam Husein nace en Al Auya, un pequeño pueblo de provincia cercano a la capital iraquí. Crece en una familia pobre de campesinos y sin un padre. En su lugar, tiene un padrastro violento por tutor. Durante su adolescencia su tío Khairallah Talfah (1910-1993), miembro del Partido Baaz, lo acoge en Bagdad.

EL PARTIDO BAAZ

El Partido Baaz es un partido político panárabe, socialista y secular, fundado en Siria en 1944 por Michel Aflaq (político sirio, 1910-1989) y Salah-al-Din al-Bitar (político sirio, 1912-1980). La ideología baazista consiste en la realización de la unidad árabe mediante la eliminación de las fronteras, para permitir que se pongan en común los recursos de cada país. Pero el partido, aunque se adhiere a las ideas socialistas, rechaza el comunismo y su noción de lucha de clases, así como sus restricciones de la libertad. El islam es reconocido como un valor esencial de la cultura árabe, pero la religión solo se limita al marco de la vida privada.

Al final de sus estudios secundarios, Sadam Husein se une al Partido Baaz y participa en el golpe de Estado fallido contra el rey Faisal II (1935-1958) en 1956. Dos años más tarde, otro grupo —dirigido por el general Abdel Karim Kassem (1914-1963), un oficial comunista— logra destronar al monarca, que es ejecutado junto con una gran parte de su familia.

Retrato del rey Faisal II de Irak.

Después de haber demostrado su valía en el golpe de Estado de 1956, Sadam Husein se convierte en un miembro activo del partido. En 1959, es seleccionado junto con otros diez estudiantes para participar en el proyecto que planea aniquilar al general Kassem, pero resulta herido durante la tentativa de asesinato. Entonces, se refugia durante un año en Damasco, donde conoce a Michel Aflaq, el teórico del Partido Baaz. En 1961, deja Damasco y se marcha a El Cairo para terminar sus estudios secundarios. No obstante, sigue siendo un activista incondicional del partido político que, el 8 de febrero de 1963, consigue derrocar al general Kassem y llevar al poder al general Abdel Salam Aref (1921-1966), el ex primer ministro de Kassem. Sin embargo, la rápida exclusión del régimen del Partido Baaz obliga a Sadam Husein a volver a entrar en la clandestinidad. En ese momento, se convierte en miembro y secretario del mando regional del partido junto con Ahmed Hassan al-Bakr.

Después de haber sido encarcelado durante dos años (1964-1966) por intentar asesinar al presidente, vuelve con fuerza para preparar el golpe de Estado de julio de 1968, con el que se produce el ascenso al poder del general Hassan al-Bakr.

Retrato del general Hassan al-Bakr.

Entonces, se le encarga la misión de organizar las milicias encargadas de perseguir a los opositores del nuevo régimen, los comunistas y los nasseristas —fervientes defensores del pensamiento del presidente egipcio Gamal Abdel Nasser—. En 1969, es nombrado vicepresidente del Consejo del Comando Revolucionario y se convierte en el hombre fuerte del régimen.

LA TOMA DE PODER

El 16 de julio de 1979, tras la dimisión del viejo mariscal Hassan al-Bakr por razones de salud, Sadam Husein, que posee en sus manos todos los poderes en Irak, es elegido presidente de la república, secretario general adjunto del Comando Nacional del Baaz, secretario general del Comando Regional y presidente del Consejo del Comando Revolucionario. Esta toma de poder se acompaña, el 28 de julio de 1979, de una purga sangrienta de su entorno (21 ejecuciones) tras un supuesto complot contra él en el Baaz.

Durante veinte años, Sadam Husein dirigirá Irak con mano de hierro, instaurando un régimen basado en el terror. Para controlar a la población, utiliza a su antojo la propaganda y los medios de comunicación. Inunda el espacio público con su retrato, desarrollando un verdadero culto hacia su persona. Mientras tanto, los opositores al régimen son perseguidos y encarcelados, e incluso ejecutados.

En el ámbito internacional, el Irak de Sadam Husein gana importancia rápidamente. Esto se debe en parte a los ingresos del petróleo, pero también al apoyo de los países occidentales y de la URSS y al de los diferentes partidos socialistas del mundo. Después de la Revolución islámica de Irán (1979) que aísla diplomáticamente a ese país, Irak es visto por Occidente como una fuerza estabilizadora para la región. De hecho, es ella la que obstaculiza las reivindicaciones islámicas sobre las riquezas petrolíferas del golfo Pérsico. Así, Irak recibe ayuda militar y tecnológica de Francia, la URSS y los Estados Unidos para limitar la expansión de la revolución iniciada en Irán. Por su parte, el nuevo presidente sueña con convertir a su país en un Estado fuerte, en la primera potencia militar y tecnológica de la gran nación árabe, aunque para lograrlo haya que participar en sangrientas batallas.

EL ASCENSO Y LA CAÍDA DEL DICTADOR

Las relaciones entre Irán e Irak siempre han sido conflictivas desde los años treinta, debido a las reivindicaciones de los dos países con respecto a la región de Shatt al-Arab, rica en petróleo, y con respecto al monopolio de las aguas del río que lleva el mismo nombre y sirve como frontera entre los dos Estados. Sadam Husein no aprueba el Acuerdo de Argel de 1975 —que contemplaba leves modificaciones territoriales a favor de Irán—, ya que no solo quiere extender la hegemonía de su país en todo el golfo Pérsico, sino que también desea frenar la expansión amenazante de la Revolución islámica iraní. Aprovechando algunas disputas fronterizas, el 22 de julio de 1980 lanza una importante operación militar para invadir Juzestán (provincia iraní fronteriza con Irak) y derrocar el poder religioso en Teherán.

El conflicto que se desarrolla entre ambos Estados dura ocho años y termina el 18 de agosto de 1988, con el alto el fuego impuesto por la Organización de las Naciones Unidas, que finalmente acepta Irán. Al final de la guerra, los dos Estados están agotados: su economía se tambalea y las víctimas, especialmente entre los kurdos, son innumerables. Sin embargo, para Sadam Husein, el hecho de que Irán haya cedido en primer lugar bajo la presión internacional marca la victoria de Irak aunque, sobre el terreno, todavía prevalece el Acuerdo de Argel.

A pesar de que su economía está muy débil, Irak inicia una política de acercamiento a los países árabes de Oriente Medio y se opone a Israel mediante la amenaza militar. Sadam Husein pretende ser el defensor de la causa árabe creando en Bagdad el Consejo de Cooperación Árabe, el 16 de febrero de 1989. Este reúne a Egipto, Jordania y Yemen del Norte en torno a Irak. Su intención es reunir a países que no pertenecen al Consejo de Cooperación del Golfo ni a la Unión del Magreb Árabe (fundada el 17 de febrero de 1989), y que se encuentran aislados durante las votaciones dentro de la Liga Árabe.

EL CONSEJO DE COOPERACIÓN DEL GOLFO Y LA LIGA ÁRABE

El Consejo de Cooperación del Golfo es una organización regional formada por seis miembros: Arabia Saudita, Baréin, los Emiratos Árabes Unidos, Kuwait, Omán y Catar. Se creó el 26 de mayo de 1981 bajo la iniciativa de Arabia Saudita para contrarrestar los posibles excesos de la Revolución islámica iraní y limitar las consecuencias de la guerra Irán-Irak en las monarquías petroleras del golfo Pérsico.

La Liga Árabe, por su parte, es una organización creada el 22 de marzo de 1945 en El Cairo bajo la égida del Reino Unido e integrada por Egipto, Arabia Saudita,

Líbano, Siria, Irak, Yemen y Jordania. Su objetivo es la afirmación y la unificación de la nación árabe y la independencia de cada uno de sus miembros. A medida que van alcanzando su independencia, los demás Estados del mundo árabe van uniéndose a esta organización, que cada vez cuenta con más países miembros.

Con todo, para permitir que Irak se convierta en una nueva Babilonia, Sadam Husein debe mantener una economía fuerte. Pero esta apuesta se ve obstaculizada por la enorme deuda de 15 mil millones de dólares que debe reembolsarle a Kuwait, así como por el aumento de los precios del petróleo —favorecido por este último país, debido a su rendimiento exponencial de extracción petrolífera—. Así pues, Sadam Husein no tiene otra opción que negociar con el emir de Kuwait para reducir su deuda. Sin embargo, las conversaciones no conducen a ninguna parte, y el presidente iraquí decide apoderarse de este pequeño emirato, que antes de 1961 formaba parte de Irak. Sin prestarle demasiada atención a la reacción de los Estados Unidos, los aliados de Kuwait y los defensores de los Estados independientes en lucha contra el comunismo y la expansión fundamentalista islámica, Sadam Husein da la orden de invadir a su vecino durante la noche del 1 al 2 de agosto de 1990.

Las reacciones internacionales son inmediatas. La ONU, a través de una serie de resoluciones, exige la retirada inmediata y completa de las fuerzas iraquíes de Kuwait, mientras que la Liga Árabe condena igualmente la conquista iraquí. Sadam Husein no cede ante la amenaza, mantiene a sus fuerzas en el emirato y termina anexionándoselo. A la ONU solamente le queda una solución: intervenir por la fuerza. El 29 de noviembre de 1990, el Consejo de Seguridad aprueba la Resolución 678 que autoriza a los aliados a utilizar todos los medios, después del 15 de enero, para obligar al agresor a retirarse de Kuwait. El 17 de enero, se activa la Operación Tormenta del Desierto, que dura hasta el 24 de febrero, cuando la ofensiva terrestre llevada a cabo sobre el terreno por los ejércitos estadounidenses y europeos logra hacer ceder Sadam Husein. El 3 de marzo de 1991, se declara un alto el fuego.

El presidente iraquí está obligado a aceptar la resolución de la ONU que autoriza al Organismo Internacional de Energía Atómica a proceder a la destrucción de las armas químicas, biológicas y balísticas que Irak poseía. Otra resolución (n.º 715) permite la vigilancia continua de las instalaciones civiles y militares donde se podrían fabricar armas de destrucción masiva. Así, las misiones de vigilancia se suceden en el territorio iraquí. Además, el Consejo de Seguridad le impone un embargo económico y petrolífero, un bloqueo aéreo y marítimo, el desarme forzado junto con una vigilancia a largo plazo de su industria militar, y el pago de reparaciones de guerra. El desarme sistemático de Irak se mantiene hasta el 2002, a pesar de algunos intentos por parte de Sadam Husein —en especial en 1998— que, sin embargo, rápidamente son sofocados mediante los bombardeos de varias zonas militares en el país por parte de los Estados Unidos y el Reino Unido que, aunque dejan al presidente en su puesto, lo vigilan muy de cerca.

Por último, al ver que el proceso de desarme está condenado al fracaso a pesar de la cooperación real de Bagdad, los estadounidenses y los británicos se preparan para una nueva guerra. Francia y Alemania, que no participan en esta guerra preventiva, la critican ampliamente. El 9 de abril del 2003, Irak es atacado por las tropas armadas británico-estadounidenses, y Bagdad es invadida. El dictador se refugia en Tikrit, donde es arrestado el 14 de diciembre del 2003 y luego es encarcelado.

LAS ÚLTIMAS HORAS DEL PRESIDENTE

La caída de Bagdad el 9 de abril del 2003 marca el final oficial del régimen de Sadam Husein y su huida. Después de varios meses en la clandestinidad, el ejército estadounidense lo detiene en Tikrit durante la noche del 13 al 14 de diciembre del 2003 y lo encarcela hasta que se desarrolla su juicio. Asimismo, el ejército de los Estados Unidos lo muestra enseguida en los medios de comunicación con el objetivo de minar la moral de los grupos armados cercanos al Partido Baaz.

Los encargados de juzgarlo son el Tribunal Especial Iraquí —creado para arbitrar las cuestiones de genocidio, de crímenes contra la humanidad y de crímenes de guerra cometidos por iraquíes entre 1968 y 2003— y otros miembros importantes del partido. La fase preliminar del juicio transcurre en Bagdad a principios de julio del 2004, pero su celebración se ve afectada por muchas manifestaciones, asesinatos y la dimisión de algunos abogados. Así pues, el juicio no empleza realmente hasta el 19 de octubre del 2005.

En un primer momento, Sadam Husein y los otros miembros del partido son juzgados por la matanza de 143 chiítas cometida en el pueblo de Dujail en 1982, así como por la destrucción de propiedades y el exilio interno de los habitantes de esta ciudad durante cuatro años. El inculpado no duda en desafiar al tribunal, cuestionando su autoridad en el asunto, y defiende su inocencia en la matanza. Por falta de testigos, el juicio se aplaza y no se reanuda hasta el 6 de diciembre. Pero, de nuevo, el exdictador continúa perturbando su desarrollo, tanto a través de sus declaraciones como mediante su actitud. En este contexto repleto de tensión, el juez Rizgar Amin (nacido en 1958) dimite en enero del 2006, y es sustituido por Rauf Rashid Abdel Rahman (nacido en 1941).

En marzo, la acusación llama a declarar a Sadam Husein en calidad de testigo. A continuación, este se embarca en declaraciones políticas, demostrando que todavía considera que es el presidente de Irak, y hace un llamamiento a los iraquíes para que pongan fin a la violencia que ejercen entre sí y se dediquen a luchar contra las tropas estadounidenses. El juez silencia inmediatamente su micrófono y pide que la audiencia se realice a puerta cerrada. Un tiempo después, el portavoz del Gobierno declara que, si Sadam Husein es condenado a muerte, la sentencia podría ejecutarse sin que se hayan dictado las sentencias de los otros cargos.

El 15 de mayo, el presidente es formalmente acusado de crímenes contra la humanidad, pero él replica y se niega a declarar. El 19 de junio, Jaafar al Mousawi, el fiscal general del Tribunal Especial Iraquí, solicita la pena de muerte contra el exdictador, contra su medio hermano Barzan al-

Tikriti (1951-2007) y contra el exvicepresidente Taha Yasín Ramadán (1938-2007). El 5 de noviembre, Sadam Husein es condenado a morir en la horca por crímenes contra la humanidad. El 26 de diciembre, la sentencia es confirmada por el Tribunal de Apelación, y el 30 de diciembre del 2006 es ejecutada.

CONTEXTO

LA REPÚBLICA DEL GENERAL KASSEM EN IRAK (1958-1963)

El 14 de julio de 1958, la monarquía hachemita (los descendientes de Hashim ibn abd al-Manaf, el antepasado del profeta Mahoma) en Irak es derrocada por el ejército iraquí, dirigido por los generales Abdel Karim Kassem y Abdel Salam Aref. El rey Faisal II y la familia real son asesinados, y se proclama la república.

Kassem y Aref se reparten las atribuciones del poder: Kassem se convierte en primer ministro, ministro de Defensa y comandante en jefe del ejército, mientras que Aref es nombrado vice primer ministro, ministro del Interior y comandante en jefe adjunto. El Gobierno está formado sobre todo por militares, y se instaura una nueva constitución. Sin embargo, rápidamente surgen diferencias de opinión acerca del posicionamiento político de Irak. A pesar de que dice estar a favor del nacionalismo árabe, Kassem es sobre todo defensor de la independencia iraquí y del mantenimiento de su integridad, con el apoyo de los chiítas y los kurdos. Aref, por su parte, recibe el apoyo del Partido Baaz y es un ferviente defensor del panarabismo dirigido por el presidente egipcio Gamal Abdel Nasser (1918-1970). Todo enfrenta a los dos hombres.

El panarabismo es un movimiento político, cultural e ideológico que tiene el objetivo de reunir y unificar a los pueblos árabes y defender su identidad.

El movimiento del renacimiento árabe, la Nahda, se desarrolla en el siglo XIX y pretende exaltar la grandeza de la herencia árabe-musulmana, y en especial la unidad que existía bajo la dinastía omeya (siglos VII-VIII). Después de la Primera Guerra Mundial (1914-1918), el sentimiento nacionalista árabe es muy fuerte, pero lo que acelera el auge de de este movimiento son los Acuerdos de Sykes-Picot (1916), que prevén la división del Imperio otomano en varios mandatos británicos y franceses. El movimiento se estructura en torno a dos organizaciones políticas:

- **el Partido Baaz** (*baaz* significa «renacimiento» en árabe) representa el renacimiento del nacionalismo árabe. El partido incluye un Comando Nacional a escala de la nación árabe, y comandos regionales a escala de cada país. El Partido Baaz se crea en Siria e Irak, pero es considerado demasiado autoritario, y las divisiones que lo sacuden hacen que su alcance sea limitado;
- **el nasserismo** es una ideología definida en el libro *Filosofía de la Revolución* (1953), escrita por Nasser. Esta obra afirma que Egipto tiene tres círculos de pertenencia fundamental: la nación árabe, África y el mundo musulmán. El presidente de Egipto desea llevar a cabo una política social y nacio-

nalista para vincularse con los países árabes y musulmanes y oponerse a las potencias coloniales en África. Esta doctrina, opuesta al capitalismo por su pensamiento socialista, también se opone al comunismo, considerado incompatible con las tradiciones árabes.

Kassem manda detener a Aref en diciembre de 1958 y lo condena a muerte (finalmente será encarcelado a cadena perpetua). Esta detención, y sobre todo el hecho de que Kassem se niegue a formar parte de una alianza árabe con Siria y Egipto, causa levantamientos en el partido Baaz, que intenta eliminar al primer ministro el 7 de octubre de 1959. Sin embargo, el atentado fracasa y, frente a estas tensiones, este último solo puede reprimir la organización que lo quiere muerto. Por otra parte, el 1 de enero de 1960, Kassem permite que se multipliquen los partidos políticos con el fin de frenar el ascenso del Partido Comunista.

Además de las tensiones en la vida política, Kassem se encuentra con la cuestión kurda: los kurdos, que desean alcanzar su independencia y obtener nuevos derechos, se rebelan en otoño de 1961. Sin embargo, el ejército iraquí los derrota rápidamente.

LOS KURDOS

Los kurdos son una minoría étnica formada por cerca de 25 millones de personas que viven desde hace siglos en una región montañosa de Oriente Medio, el Kurdistán.

Los kurdos no son árabes, sino que son musulmanes de origen ario; así pues, hablan su propio idioma. El Kurdistán, dividido entre cuatro Estados (Irak, Irán, Siria y Turquía), desea conseguir su independencia desde hace muchos años.

A nivel regional, Kassem planea anexionar Kuwait, un antiguo protectorado británico (1899-1961) rico en petróleo. Moviliza a tropas para conquistar el país, pero la llegada de las fuerzas británicas para ayudar a Kuwait obstaculiza sus planes.

El Partido Baaz, que aprovecha el apartamiento de Kassem para reorganizarse, fomenta un golpe de Estado el 8 de febrero de 1963. Su instigador es el general Ahmed Hassan al-Bakr, que en 1958 ya había estado implicado en intentos de conspiración contra Kassem. Este último es detenido y ejecutado el 9 de febrero. Abdel Salam Aref se convierte entonces en presidente de la república, y el general al-Bakr en presidente del Consejo (es decir, en primer ministro).

LA REPÚBLICA DE LOS HERMANOS AREF (1963-1968)

El nuevo Gobierno baazista lleva a cabo violentos actos de represión contra los comunistas y los partidarios del expresidente Kassem. Pero el partido no está unificado: sus miembros están divididos principalmente entre los nasseristas —que desean seguir la doctrina panárabe de Nasser— y los baazistas —desilusionados ante la posibilidad real de instaurar un nacionalismo árabe y con la voluntad de centrarse únicamente en Irak—. La situación se complica aún más debido a las diferencias con el Baaz sirio, que toma el poder en Siria con los nasseristas, tras el golpe de Estado del 8 de marzo de 1963. Cansado de estas disputas internas, Abdel Salam Aref aprovecha estos desacuerdos para prohibir el partido en Irak en noviembre de 1963. Desde entonces, apoya su poder en los nasseristas y se acerca a Egipto. Asimismo, el general al-Bakr se ve obligado a dimitir. El acercamiento con Egipto se concreta con una alineación de Irak sobre la política iniciada por Nasser: la aplicación de medidas sociales (las nacionalizaciones) y el desarrollo del socialismo.

Tras la muerte accidental de Abdel Salam Aref el 13 de abril de 1966, lo sucede su hermano Abdel Rahman Aref (1916-2007). Su primera medida consiste en poner fin a revuelta kurda que causa estragos en el norte del país aceptando firmar, el 29 de junio de 1966, un acuerdo que reconoce los derechos de los kurdos, que ahora están detallados en la Constitución. El nuevo presidente también debe hacer frente a varios intentos de golpe de Estado, tanto por parte de sus propios partidarios como por parte del bando de sus oponentes. Por último, el 17 de julio de 1968, el Partido Baaz, con el general Ahmed Hassan al-Bakr al frente, rodea el palacio presidencial, y Abdel Rahman Aref se rinde inmediatamente.

LA PRESIDENCIA DEL GENERAL AHMED HASSAN AL-BAKR EN IRAK (1968-1979)

El general al-Bakr se convierte en presidente de la república y Sadam Husein, que ha participado en el golpe de Estado, se impone progresivamente. En el plano de la política interna, el Gobierno se enfrenta, una vez más, a la cuestión de los kurdos, cuya autonomía se reconoce el 11 de marzo de 1970 y de 1974. Se establece una región autónoma del Kurdistán, pero los líderes kurdos no aceptan sus límites y reanudan la lucha en abril de 1974 con el apoyo de Irán, Israel y los Estados Unidos. No obstante, el Gobierno iraquí logra volver a tomar las riendas de la situación: negocia con Irán un acuerdo en Argel, firmado el 6 de marzo de 1975, que prevé el fin de la ayuda militar iraní a los kurdos a cambio del reconocimiento por parte de Irak de las fronteras del Shatt al-Arab. Los kurdos, privados de su apoyo iraní, no tienen más remedio que aceptar la autonomía propuesta en 1974.

LA REVOLUCIÓN IRANÍ (1977-1979)

Irán es una monarquía liderada desde 1941 por Mohamed Reza Pahlevi (1919-1980), quien en 1967 adopta el título de shahinshah («rey de reyes»). El sah (título tradicionalmente usado por los emperadores persas) recibe las regalías que le entregan las empresas occidentales a las que confía la extracción del petróleo. Esta fuente de beneficios contribuye al notable crecimiento económico de Irán, que favorece la aparición de nuevas clases sociales como la burguesía empresarial con la que el sah debe contar cuando esta reivindica algunas libertades políticas.

Después de haber eliminado los partidos de la oposición, el sah responde con medidas implacables contra cualquiera que se le oponga, especialmente después de descubrir —en otoño de 1972— una conspiración contra él y la familia real. Poco después, el régimen debe enfrentarse a una nueva oposición, la de los movimientos religiosos chiítas y los círculos políticos progresistas. La Savak (policía política) ejerce entonces una represión terrible contra los opositores al régimen, mientras que se producen tímidos intentos de liberalización.

Todo esto no impide que el malestar social aumente. En esta lucha contra el régimen, la oposición religiosa supera la oposición política desde 1978. El ayatolá Ruhollah Jomeini (1902-1989) se ha convertido, desde 1962, en el guía (chiíta) religioso del pueblo de Irán.

Jomeini critica abiertamente al sah por su política de se-
cularización del país y por la eliminación de las tradiciones
islámicas de la cultura iraní en beneficio de las antiguas
costumbres persas. Para el régimen, Jomeini es un agitador
que tiene que ser eliminado. Es detenido varias veces entre
1963 y 1965, y luego se ve obligado a exiliarse en Turquía y

en Irak hasta el otoño de 1978. Sin embargo, su influencia religiosa sigue siendo demasiado importante. Entonces, el sah pide a Irak la extradición del imán, que decide instalarse en Neauphle-le-Château (Francia).

Desde esta localidad francesa dirige la revolución en curso, que tiene el objetivo de derrocar a la monarquía. Los dignatarios religiosos chiítas y los líderes políticos seculares que se oponen al sah se unen a sus ideas. Esta unión se refleja, durante el último trimestre de 1978, mediante la paralización de toda la actividad económica de Irán, debida a una ola de huelgas y a las manifestaciones que tienen lugar en todo el país para exigir el retorno del ayatolá Jomeini. El 16 de enero, el sah debe irse de Irán con su familia y dirigirse a El Cairo, mientras que el primer ministro Chapour Bakhtiar (1914-1991) garantiza la dirección del Gobierno.

El 1 de febrero de 1979 Jomeini regresa a Teherán, donde es recibido por millones de iraníes. Durante las semanas subsiguientes se producen violentos enfrentamientos entre las fuerzas del orden y los manifestantes, que desembocan en el final de la monarquía (el 12 de febrero de 1979). A continuación, Jomeini se instala en Qom (una ciudad a 150 kilómetros al suroeste de Teherán), desde donde proclama sus directrices como líder supremo de la revolución. En su discurso del 1 de marzo de 1979, expresa su voluntad de romper con la civilización occidental y afirma los valores del islam y la necesidad de mantener la unidad del pueblo para reconstruir el país sobre nuevas bases. También insiste en la vigilancia que hay que mantener respecto los enemigos internos y externos, convierte el chador en una prenda de uso obligatorio para las mujeres y, finalmente, proclama el establecimiento de una república islámica, adoptado por referéndum el 30 y el 31 de marzo de 1979. El 17 de agosto —poco después de la toma del poder de Sadam Husein en Irak—, Jomeini condena en un nuevo discurso el imperialismo y el sionismo, además de amenazar a la prensa, a los autonomistas kurdos, azeríes, árabes, turcomanos y a los intelectuales descarriados. Además, realiza un llamamiento a los musulmanes de todo el mundo para que a su vez creen repúblicas islámicas, especialmente en Irak, donde hay una gran comunidad chiíta y donde se exilian los disidentes iraníes.

MOMENTOS CLAVE

LA SITUACIÓN DE IRAK DURANTE LA DICTADURA DE SADAM HUSEIN

Con su ascenso al poder en julio de 1979, Sadam Husein establece un régimen autoritario, personal y dictatorial, inspirado en el modelo soviético y nazi. Consta de un solo partido, el Baaz, que es la fuente del poder político y militar, y puede contar con un aparato de seguridad altamente represivo. Su poder se basa en los diversos círculos concéntricos que constituyen su familia, la tribu a la que pertenece y, finalmente, sus diversas alianzas intercomunitarias. Las principales instancias del poder, el Partido Baaz y el Consejo del Comando Revolucionario, son solo instrumentos de la voluntad del presidente.

A partir de los años setenta, Irak vive una fuerte industrialización gracias a los ingresos petroleros del país, lo que permite la aparición de un nivel de vida comparable al de los países europeos. Se llevan a cabo planes de acción para erradicar el analfabetismo. En el ámbito de la salud, se construyen numerosos hospitales y centros de salud en todas las ciudades del país. Asimismo, Sadam Husein lanza una campaña de transformación de la agricultura, acompañada de una reforma que permite la redistribución de las tierras. Pero, detrás de todas estas acciones de modernización del país, se esconde la voluntad política de poner de relieve la personalidad del presidente, así como la de su familia y su tribu.

En el plano religioso, el país es una república secular, por lo que sigue los principios del Partido Baaz; sin embargo, con la guerra Irán-Irak, Sadam Husein se vuelve cada vez más hacia el islam: aparece en escena a través de videos que lo muestran rezando en las mezquitas o participando en fiestas religiosas.

Hasta mediados de los años ochenta, en Irak reina una estabilidad económica favorable. Sin embargo, la segunda guerra del Golfo precipita el descenso hacia los infiernos. Los efectos del embargo comercial y petrolífero, decretado por la ONU el 3 de marzo de 1991, son devastadores para la economía del país que, privado de su principal producto de exportación —el petróleo— y muy dependiente de las importaciones de alimentos, ve cómo su PIB per cápita pasa de 2000 dólares en 1989 a 609 dólares a finales del año 1992. La población iraquí sufre malnutrición, y la mortalidad infantil aumenta entre 1991 y 2003: un millón de niños menores de 5 años perecen.

La emergencia humanitaria y sanitaria de Irak insta a la ONU a establecer, mediante la Resolución 986 del 14 de abril de 1995, el programa «Petróleo por Alimentos», que permite que el país exporte una cantidad limitada de petróleo para adquirir alimentos y medicinas, bajo supervisión internacional. Esta fórmula mejora significativamente las condiciones de vida de los iraquíes.

A finales de los años noventa, se lleva a cabo un trabajo de rehabilitación de las infraestructuras, en particular en el sector del petróleo, gracias a la autorización para importar piezas de repuesto. Poco a poco, el país sale de su aislamiento, y vuelven a establecerse relaciones económicas con los Emiratos Árabes Unidos y Siria hasta la caída del régimen de Sadam Husein.

LA GUERRA IRÁN-IRAK O LA PRIMERA GUERRA DEL GOLFO (1980-1989)

Las tensiones entre Irán e Irak se remontan al período de entreguerras, e implican el área del Shatt al-Arab, nombre del río que hace de frontera entre Irán e Irak a lo largo de 90 kilómetros. El tratado fronterizo de 1937 fijaba su estatus pero, después de su derogación por parte de Irán en 1969, se concluye un nuevo acuerdo en Argel en 1975 que modifica ligeramente las fronteras entre los dos países, en detrimento de Irak. Este nuevo tratado también permite una navegación libre en la región y, por lo tanto, permite que los barcos extranjeros puedan acceder a los puertos iraquíes e iraníes.

Sin embargo, Irak cuestiona el acuerdo en 1980 y decide atacar Irán para restablecer sus derechos legítimos en este territorio, pero también para convertir el golfo Pérsico en un golfo Arábico, expulsando definitivamente a los iraníes de los islotes que controlan el acceso al estrecho de Ormuz, y sobre todo para apoderarse de la provincia de Juzestán, rica en petróleo, llamada Arabistán por los nacionalistas árabes. No obstante, tras estas reivindicaciones, emergen otras motivaciones más políticas: la caída de la República Islámica de Irán, la emergencia de Irak como primera potencia del Golfo y el fortalecimiento de la autoridad personal, regional e internacional de Sadam Husein.

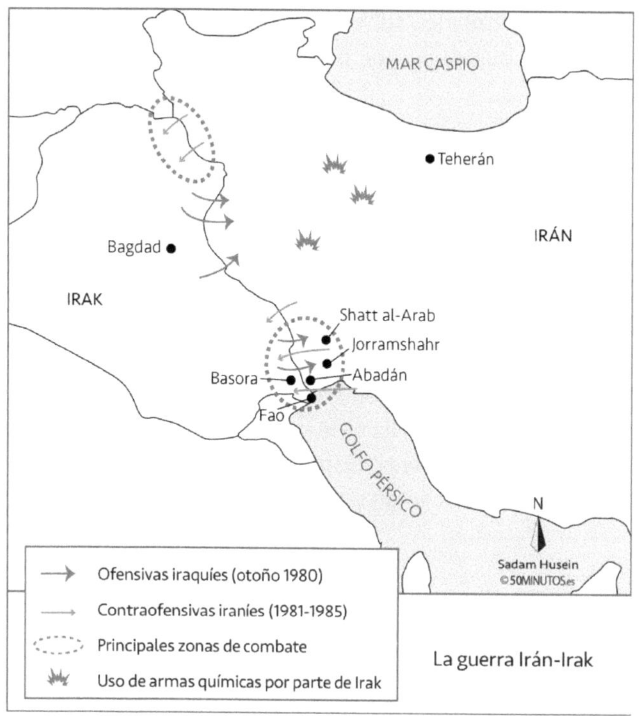

El 22 de septiembre de 1980, Sadam Husein decide atacar abiertamente Irán invadiendo Juzestán. Esta región rica en petróleo es el escenario de violentos enfrentamientos entre la aviación y la artillería pesada de los dos beligerantes. Los Estados Unidos y la URSS se declaran neutrales desde el inicio del conflicto, mientras que la Organización de las Naciones Unidas pide a ambas partes que busquen una solución negociada. Los Estados Unidos, sin embargo, terminan prestando ayuda militar a Irak, que también obtiene el apoyo de Jordania, además de préstamos financieros sin intereses y donaciones de petróleo de Kuwait y de Arabia Saudita.

Sadam Husein cree que la guerra será rápida, ya que sabe que el ejército iraní está debilitado a causa de la Revolución islámica. Sin embargo, Irán presenta una fuerte resistencia, y el conflicto se estanca durante ocho años. En 1983, Irak utiliza armas químicas sobre la población iraní y sobre los kurdos, aliados a Irán, violando con ello el Protocolo de Ginebra de 1925. El uso de estas armas empuja al ayatolá Jomeini a aceptar el alto el fuego propuesto por el Consejo de Seguridad de la ONU el 18 de julio de 1988 y ratificado el 22, ya que Irán, que no dispone de esta tecnología, teme que su uso sobre Teherán tenga consecuencias catastróficas para su población.

El conflicto causa un total de 360 000 muertos y 700 000 heridos, pero las pérdidas iraquíes son tres veces menores que las pérdidas iraníes. Sin embargo, después de ocho años de guerra, Irak está al borde de la ruina: el coste de su reconstrucción se estima en más de 60 mil millones de dólares.

LA SEGUNDA GUERRA DEL GOLFO (1990-1991)

Los primeros signos de la segunda guerra del Golfo se perfilan desde el final de la guerra Irán-Irak, debido a la deuda que Irak debe pagar sus acreedores —sobre todo a Kuwait—, y cuya suma se eleva a 15 mil millones de dólares. Irak, a pesar de sus reservas de petróleo, no puede pagar sus deudas, ya que el precio del barril no deja de aumentar debido a la superproducción de las refinerías kuwaitíes. El presidente intenta por todos los medios negociar el vencimiento de la deuda y reducirla, pero el emir de Kuwait hace oídos sordos a sus peticiones.

Las acciones diplomáticas entre los dos países no producen ningún resultado concreto, por lo que Sadam Husein cambia de táctica. Para paliar la crisis económica que asola a su país, decide conquistar el pequeño emirato que antaño formaba parte de Irak (antes de 1961). Sin embargo, parece olvidar que los Estados Unidos —que tienen un acuerdo militar con Kuwait— pueden intervenir en su favor y atacar a Irak. Durante la noche del 1 al 2 de agosto de 1990, Sadam Husein manda a sus tropas armadas a invadir a su vecino, que pasa a estar bajo control iraquí en tan solo cinco horas.

Las reacciones internacionales son inmediatas: el Consejo de Seguridad de la ONU exige la retirada inmediata e incondicional de Irak y, unos días más tarde, decreta el boicot general a Irak; la Liga Árabe, por su parte, condena enérgicamente la agresión iraquí.

El 7 de agosto, los Estados Unidos inician la Operación Escudo del Desierto, para evitar una invasión de Arabia Saudita, pero esto no impide que Irak se anexione oficialmente el pequeño país al día siguiente. El embargo acompañado de un bloqueo naval sobre la venta del petróleo iraquí no parece hacer ceder al presidente. En octubre, los Estados Unidos, con el apoyo de las Naciones Unidas, reúnen una vasta coalición militar occidental y árabe para conseguir la evacuación de Kuwait. El 29 de noviembre, el Consejo de Seguridad autoriza a las fuerzas aliadas a atacar Irak a partir del 15 de enero de 1991 con la Operación Tormenta del Desierto. En un primer momento, se trata de bombardear por el aire a las tropas iraquíes que están en tierra y luego, si es necesario, intervenir en el terreno con el ejército terrestre.

El 17 de febrero de 1991 se pone en marcha la operación, que dura una semana. A falta de una reacción por parte de los iraquíes, las fuerzas aliadas lanzan sus tropas terrestres contra el ejército iraquí de Kuwait el 24 de febrero. Para liberar el emirato, basta con cuatro días. El 3 de marzo de 1991, se instaura un alto el fuego.

Irak no solamente pierde la guerra: también pierde su prestigio y su autonomía. En efecto, ahora tiene que cumplir con las exigencias del Consejo de Seguridad de la ONU, que le impone una serie de resoluciones que tiene que respetar, incluyendo las que permiten que el Organismo Internacional de Energía Atómica pueda proceder a la destrucción de sus armas químicas, biológicas y balísticas, así como supervisar de forma permanente las instalaciones civiles y militares que podrían fabricar armas de destrucción masiva. Junto a este desarme forzado, que está acompañado por un control a largo plazo de su industria militar, el país está sujeto a un embargo comercial y petrolífero, a un bloqueo aéreo y marítimo, y al pago de las reparaciones de guerra. En caso de violación de estos principios, Irak puede ser bombardeado. Además, al territorio iraquí se le amputan tres provincias kurdas, situadas en el norte del país, que se colocan bajo la protección de los aliados. Finalmente, Irak también pierde la libre disposición de su petróleo.

No obstante, el régimen de Sadam Husein no es eliminado del país, sino que actúa bajo la supervisión de las Naciones Unidas y bajo la atenta mirada de los estadounidenses y los europeos. Si las misiones de vigilancia de la ONU se suceden caóticamente hasta el año 2002, los Estados Unidos y el Reino Unido deciden, después de los atentados del 11 de septiembre del 2001 en Nueva York, eliminar a Sadam Husein, sospechoso de tener vínculos con Al Qaeda en Afganistán. Sin embargo, de acuerdo con un informe preliminar de la comisión estadounidense que investiga los ataques, no existen pruebas de una colaboración entre el exdictador iraquí y la red terrorista islamista. Aunque Osama bin Laden (1957-2011), su principal líder, explora brevemente la idea de forjar lazos con Irak a mediados de los noventa, se opone por completo a un gobierno árabe secular. Además, Bagdad nunca responde a sus peticiones. El Gobierno de Sudán, que acogió Al Qaeda en su territorio entre 1991 y 1996, trata de hacer que la organización se acerque a Irak, pero fracasa. Convence a Bin Laden para que deje de apoyar a los oponentes de Sadam Husein, y trata de organizar reuniones con el presidente, pero estas no desembocan en ningún tipo de cooperación.

Sin embargo, la operación para eliminar a Sadam Husein no se detiene, y acaba con su captura y juicio por sus crímenes, que resulta en una condena a muerte.

REPERCUSIONES

UN PAÍS SUMIDO EN EL CAOS

La ocupación estadounidense en Irak (2003-2011)

El 22 de mayo del 2003, la Resolución 1483 de la ONU pone fin a las sanciones internacionales y le concede el control del futuro de Irak a los Estados Unidos y al Reino Unido. Entonces se establece una administración civil, dirigida por el estadounidense Paul Bremer (nacido en 1941), que incluye varios miles de funcionarios estadounidenses y británicos. Este hombre con carrera diplomática gobierna por decreto desde el antiguo palacio de Sadam Husein en el centro de Bagdad y exporta el petróleo iraquí, gestionando sus ingresos a su antojo. También ordena una purga indiscriminada de las administraciones públicas, mayoritariamente baazistas, y disuelve el conjunto de las fuerzas armadas iraquíes y la policía.

Esta purga es mal vista por una gran parte de los sunitas y los baazistas, que se oponen militarmente a la coalición británico-estadounidense, ayudados por varios cientos de islamistas extranjeros que llegan al lugar para hacer la yihad contra los Estados Unidos. Además, a medida que se producen ataques, la ocupación se endurece: las represalias y las incursiones contra la guerrilla se multiplican, enajenando aún más a la población árabe-sunita.

Frente a la presión internacional, la administración británico-estadounidense consiente la formación de un Consejo de Gobierno interino con los objetivos de preparar un gobierno iraquí de transición —que gozaría de los atributos de la soberanía— e iniciar el proceso de adopción de una constitución definitiva.

La transferencia de la soberanía se hace de forma lenta. El 28 de junio del 2004, antes de marcharse de Irak, Paul Bremer transfiere el poder a un gobierno interino dirigido por Iyad Allaoui (nacido en 1944), un antiguo exiliado cercano a la CIA. Las fuerzas de ocupación, sin embargo, permanecen en el lugar y tienen plena libertad de acción en territorio iraquí. En enero del 2005, en medio de un clima de violencia, se elige una Asamblea Constituyente, dominada por los partidos islamistas chiítas que, el 6 de abril del 2005, conducen al kurdo Yalal Talabani (nacido en 1933) a la presidencia de Irak, mientras que el líder del partido chiíta Al-Dawa (Partido del llamamiento islámico), Ibrahim al Yafari (nacido en 1947), se convierte en primer ministro. El 15 de octubre del 2005, una Constitución consagra el principio del federalismo en Irak —cuyas distintas entidades federadas todavía deben decretarse— y, el 15 de diciembre del 2005, se elige una Asamblea Legislativa. Tras varios meses de crisis, se forma un gobierno dirigido por el número dos del partido Al-Dawa, Nuri al Maliki (nacido en 1950).

Retrato de Nuri al Maliki.

En mayo del 2006, este último asiste con impotencia al ascenso del poder de las milicias y a los enfrentamientos entre confesiones y comunidades favorecidos por la presencia de grupos extremistas cercanos a Al Qaeda en su territorio. Para detener la violencia que destruye los propios cimientos del Estado que Washington pretende fundar en Irak, se pone en marcha una nueva estrategia: se trata de reforzar el número de tropas estadounidenses en territorio iraquí, evitando al mismo tiempo el uso desproporcionado de las armas de fuego. El objetivo consiste en proteger a la población por medio de una presencia duradera y permitir un inicio de recuperación económica al tiempo que se frena a la guerrilla sunita. Los resultados de estas operaciones de seguridad son concluyentes y los Estados Unidos, cuyas esperanzas de estabilidad gubernamental arraigan en Irak, deciden retirarse del escenario iraquí. El 18 de diciembre de 2011, después de nueve años de ocupación, los últimos 500 soldados estadounidenses finalmente abandonan Irak.

Un país debilitado por tensiones internas

Los Estados Unidos dejan al primer ministro Nuri al Maliki la tarea de unificar y reconstruir el país sobre bases políticas y económicas sólidas. Sin embargo, este último utiliza los recursos del Estado a su alcance para reforzar su posición personal, replicando las acciones de Sadam Husein. Frente a este fortalecimiento del poder del primer ministro, los kurdos permanecen alerta y desconfían, mientras que el Parlamento no es capaz de mediar en los conflictos estructurales en relación con el reparto del poder, del territorio y de los recursos, ya que las disensiones entre los diferentes partidos son muy fuertes.

Durante su segundo mandato (diciembre de 2010-agosto de 2014), Nuri al Maliki instaura un gabinete de unidad nacional, compuesto por kurdos, sunitas y chiítas. No obstante, esta unión no funciona y termina originando gradualmente una parálisis política y administrativa general. Para corregir la situación, al Maliki concentra más poder en sus manos: además del cargo de primer ministro y el de comandante en jefe de las fuerzas armadas, acumula las carteras de ministro del Interior y de Defensa. Cuando, gracias a la Primavera Árabe que nace en Túnez en diciembre de 2010, estallan manifestaciones contra el desempleo y la pobreza en varias grandes ciudades (especialmente en Bagdad, Mosul y Basora), la represión se vuelve cada vez más brutal. Poco a poco, el Gobierno pierde la simpatía de las poblaciones sunitas al reprimir a los líderes de los partidos políticos procedentes de sus filas. Además, a finales de 2012, la movilización popular sunita se organiza contra él con una campaña de desobediencia civil y con el establecimiento de sentadas permanentes en las principales plazas de las ciudades sunitas. Pero, de nuevo, los movimientos pacíficos son reprimidos con violencia como en Faluya, Mosul y Houweijah.

En julio de 2014, un kurdo llamado Fuad Massum (nacido en 1938) es elegido presidente de la República de Irak por el Parlamento y le confía a Haidar al Abadi (nacido en 1952) la misión de formar un nuevo gobierno. Sin embargo, Nuri al Maliki ambiciona un nuevo mandato como primer ministro. En verano de 2014, se produce un pulso entre los dos hombres y, finalmente, Nuri al-Maliki se ve obligado a cederle el puesto de primer ministro a su oponente.

Entonces, este último inicia una tímida política de reformas que molesta a la población iraquí por lo que, entre agosto y septiembre de 2015, se producen manifestaciones civiles en las principales ciudades iraquíes. Los insurgentes le piden a Haidar al Abadi que actúe con rapidez poniendo en marcha reformas reales o que abandone su puesto. A día de hoy, los iraquíes están mayoritariamente convencidos de que el primer ministro es incapaz de llevar a cabo reformas reales a causa del sistema político de las cuotas comunitarias y partidistas que distribuye los puestos clave del Estado, por no hablar de la guerra contra Dáesh, una organización terrorista islamista, y su elevado coste.

Por su parte, el líder del Movimiento Nacional Iraquí (coalición política con tendencia secular), Iyad Alawi (nacido en 1944), hace un llamamiento para cambiar al primer ministro y nombrar en su lugar a un hombre capaz de llevar a cabo las reformas, un hombre no autoritario, que facilite la unificación y respete la concordancia nacional, la Constitución y las leyes con el fin de salvar al país sin marginar a ninguna fuerza política.

EL AUGE DEL ESTADO ISLÁMICO (DÁESH)

Las tensiones internas en Irak y el levantamiento sirio, transformado en guerra civil, encienden las regiones sunitas de Irak y crean un contexto favorable para el resurgimiento de los grupos armados que habían luchado contra la ocupación estadounidense. La provincia de Al Anbar, al oeste de la capital, se convierte en el primer escenario de enfrentamientos con el ejército iraquí. La población intenta salir del país en masa, refugiándose en la provincia siria, al otro lado de la frontera, levantada contra Bashar al Asad (nacido en 1956), el presidente de la República de Siria.

Este contexto permite el auge del Estado Islámico de Irak (EII), nacido de la unión de veteranos de Al Qaeda y del antiguo ejército de Sadam Husein. En 2013, se fusiona con un grupo de rebeldes sirios y se convierte en el Estado Islámico de Irak y del Levante (EIIL o Dáesh, su acrónimo en árabe). Este último multiplica los atentados en territorio iraquí y lleva a cabo operaciones espectaculares contra el poder central, sus representantes y sus instituciones. A pesar de las represalias y de los bombardeos por parte del Gobierno de Nuri al Maliki, Dáesh logra tomar Mosul, la segunda ciudad sunita en Irak, el 10 de junio de 2014.

Frente a esta amenaza para Oriente Próximo y Oriente Medio, los Estados Unidos y los países de la OTAN se embarcan en un pulso con los yihadistas en Irak. Los estadounidenses acusan a Nuri al Maliki de haber favorecido este auge extremista islámico por lo que, de conformidad con Irán, le retiran su apoyo político, y Al Maliki se retira de la escena política. En julio de 2014, el Parlamento elige a Fuad Massum presidente de la República de Irak.

Por su parte, el Estado Islámico usa el respaldo de los sunitas, en las regiones que han conquistado, para implantar el califato islámico que trabaja para la recuperación económica y política de la región, mientras se opone a los chiítas y a Irán. Los kurdos, por su parte, apoyan la coalición occidental oponiéndose abiertamente a Dáesh, lo que acentúa su unidad y su voluntad de apartarse de Bagdad y de obtener la independencia de su Estado.

A partir del verano de 2014, la coalición Estados Unidos y Europa lanza ataques contra Dáesh en Siria e Irak, que se intensifican a raíz de los ataques en París en noviembre de 2015. Desde el comienzo de estas operaciones militares, 22 000 yihadistas son asesinados en ambos países. Dáesh comienza a mostrar signos de debilidad después de los ataques perpetrados por los estadounidenses y los europeos, ayudados por Rusia, a sus infraestructuras petroleras, un recurso esencial para financiar la guerra en Siria e Irak.

A partir de noviembre de 2015, los kurdos lanzan una ofensiva en el territorio iraquí desde las montañas de Sinjar, para recuperar la ciudad y una importante carretera que conecta Mosul con Siria. El éxito de la operación se consigue gracias a una unión de las fuerzas kurdas iraquíes de los peshmergas, de los milicianos yazidíes, de las YPG kurdas sirias (el brazo armado del partido de la Unión Democrática Kurda de Siria) y de los kurdos turcos del Partido de los Trabajadores de Kurdistán (PKK), respaldados por ataques aéreos de la coalición. Los combatientes que recuperan Sinjar descubren una fosa común en el lugar, lo que demuestra una vez más las matanzas que perpetra Dáesh en los territorios conquistados. El grupo terrorista también retrocede en los alrededores de Bagdad.

En abril de 2015, las fuerzas armadas iraquíes, respaldadas por milicias chiítas, recuperan la ciudad de Tikrit de las manos de los yihadistas tras un sitio de quince días. En diciembre de 2015, el ejército iraquí se enfrenta a Dáesh en Ramadi, a 100 kilómetros al oeste de Bagdad. Al final del mes, las fuerzas iraquíes llegan al centro de la ciudad, mientras que la coalición sigue bombardeando los otros barrios en poder de los islamistas. Desde noviembre de 2016, las fuerzas iraquíes también atacan las posiciones de Dáesh en Mosul. A día de hoy, el futuro del país es todavía incierto...

EN RESUMEN

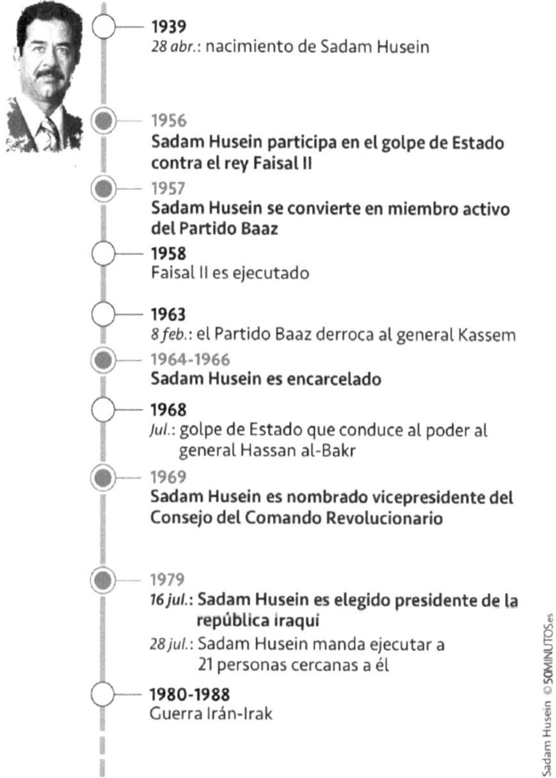

1939
28 abr.: nacimiento de Sadam Husein

1956
Sadam Husein participa en el golpe de Estado contra el rey Faisal II

1957
Sadam Husein se convierte en miembro activo del Partido Baaz

1958
Faisal II es ejecutado

1963
8 feb.: el Partido Baaz derroca al general Kassem

1964-1966
Sadam Husein es encarcelado

1968
Jul.: golpe de Estado que conduce al poder al general Hassan al-Bakr

1969
Sadam Husein es nombrado vicepresidente del Consejo del Comando Revolucionario

1979
16 jul.: Sadam Husein es elegido presidente de la república iraquí
28 jul.: Sadam Husein manda ejecutar a 21 personas cercanas a él

1980-1988
Guerra Irán-Irak

- Sadam Husein nace en una familia de campesinos pobres. Criado por uno de sus tíos, entra en el Partido Baaz y participa en el golpe de Estado para destronar al rey Faisal II, pero la acción fracasa.

- Dos años más tarde se planea un nuevo golpe de Estado, que desemboca en la ejecución del rey y de una parte de su familia. Se instaura la República de Irak, encabezada por el general Kassem.
- Cinco años más tarde, en febrero de 1963, el Partido Baaz perpetra el asesinato del general Kassem. Entonces, el general Aref toma el poder con el apoyo de los baazistas a los que, sin embargo, persigue a partir de noviembre, ya que promueven un golpe de Estado para derrocarlo. Por consiguiente, Sadam Husein se ve obligado a vivir en la clandestinidad.
- El 17 de julio de 1968, las fuerzas del partido rodean el palacio presidencial, y Abdel Rahman Aref se ve obligado a rendirse. El dúo Ahmed Hassan al-Bakr y Sadam Husein —los líderes del ataque— toma el poder.
- Sadam Husein, que cada vez concentra más poder en sus manos, impulsa la retirada de Ahmed Hassan al-Bakr el 16 de julio de 1979, y recupera la presidencia de la república.
- Entonces, comienza una dictadura que dura veinte años, durante la que Sadam Husein no dejará de luchar contra sus oponentes llevando a cabo varias purgas. Ayudado por la propaganda, desarrolla un verdadero culto en torno a su persona, del mismo modo que hizo Stalin (estadista soviético, 1878-1953).
- El 17 de septiembre de 1980, como respuesta a algunas disputas fronterizas y para evitar la influencia de la República Islámica de Irán sobre la comunidad chiíta iraquí, Sadam Husein ataca Irán.
- Aunque Sadam Husein se esperaba una guerra relámpago, el conflicto se estanca, y harán falta ocho años para que Irán ceda a la presión internacional.

- Sadam Husein desea dominar los países árabes y crear una nueva Babilonia. Sin embargo, la enorme deuda que tiene que reembolsar a Kuwait tras el conflicto Irán-Irak obstaculiza su proyecto. Las negociaciones con el pequeño estado no llevan a ninguna parte, por lo que decide invadirlo durante la noche del 1 al 2 de agosto de 1990.
- Después de varias advertencias, la ONU decide intervenir militarmente: empieza la segunda guerra del Golfo.
- Presionado y obligado, Sadam Husein anuncia su retirada de Kuwait el 26 de febrero de 1991.
- El 3 de marzo de 1991 se decreta el alto el fuego entre la coalición aliada e Irak. Este último, completamente exangüe, es sometido a fuertes sanciones: desarme forzado, embargo total, pérdida de una parte de su territorio, tutela del país por parte de la ONU, etc.
- Con su país sumido en la pobreza y su población pasando hambre, Sadam Husein no tiene más remedio que aceptar, el 9 de diciembre de 1996, la Resolución 986, llamada «Petróleo por Alimentos».
- Después de los ataques del 11 de septiembre del 2001, las tropas británico-estadounidenses invaden Irak. Sadam Husein, sospechoso de tener vínculos con Al Qaeda, es perseguido.
- El 14 de diciembre del 2003 es detenido en Tikrit y es encarcelado hasta su juicio, tras el que se le declara culpable de crímenes contra la humanidad.
- Es ahorcado el 30 de diciembre del 2006.

PARA IR MÁS ALLÁ

FUENTES BIBLIOGRÁFICAS

- Aburish, Saïd K. 2002. *Le vrai Saddam Hussein*. París: Édition Saint-Simon.
- Al Rachid, Loulouwa, Brigitte Dumortier, Philippe Rondot y Pierre Rossi. "Irak". *Encyclopædia Universalis*. Consultado el 17 de mayo de 2017. www.universalis.fr/encyclopedie/irak/
- Baran, David. 2003. "La guerre d'Irak: la stratégie du faible face à la puissance américaine". *Politique étrangère*, n.° 2, 395-408.
- Benraad, Myriam. 2015. *Irak, la revanche de l'histoire. De l'occupation étrangère à l'État islamique*. París: Éditions Vendémiaires.
- Bonner, Michael. 2004. *Le Jihad. Origines, interprétations, combats*. París: Téraèdre, colección *L'islam en débat*.
- de Favereau, Corentin. 2017. *La guerra Irán-Irak. Sadam Hussein y el controvertido papel de los Estados Unidos*. Traducido por Elena Muñoz Gálvez. Bruselas: Plurilingua Publishing, colección *en50Minutos.es*.
- Gueyras, Jean. 1987. "L'Irak après sept ans de guerre". *Politique étrangère*, n.° 2, 317-325.
- Malbrunot, Georges y Christian Chesnot. 2003. *L'Irak de Saddam Hussein, portrait total*. París: Édition n° 1.
- Okeke-Ibezim, Felicia. 2006. *Saddam Hussein, a Legendary Dictator*. Washington: Ekwike Books & Publishing.
- Picard, Elisabeth. 1991. "L'Iraq de Saddam Hussein: de l'ambition modernisatrice à la logique sécuritaire". *Revue

du monde musulman et de la Méditerranée, n.º 62, 42-45.
- Rahier, Gilles. 2016. *La Operación Tormenta del Desierto. La invasión de Irak a Kuwait y la Segunda Guerra del Golfo*. Traducido por Marina Martín Serra. Bruselas: Plurilingua Publishing, colección *en50Minutos.es*.
- Sassoon, Joseph. 2012. *Saddam Hussein Ba'th Party: Inside an Authoritarian Regime*. Nueva York: Cambridge University Press.

FUENTES ICONOGRÁFICAS

- Retrato de Sadam Husein. La imagen reproducida está libre de derechos.
- Retrato del rey Faisal II de Irak. La imagen reproducida está libre de derechos.
- Retrato del general Hassan al-Bakr. La imagen reproducida está libre de derechos.
- Retrato del ayatolá Jomeini. La imagen reproducida está libre de derechos.
- Retrato de Nuri al Maliki. La imagen reproducida está libre de derechos.

DOCUMENTAL

- *Sadam, le meilleur ennemi de l'Amérique*. Dirigido por Pascal Vasselin. Francia: Sunset Presse, 2005.

en50MINUTOS.es
Historia
Economía y empresa
Coaching
Book Review
Salud y bienestar
EL DIAGRAMA DE ISHIKAWA
Material
Método
Máquina
Madre Naturaleza
Medida
Hombres
LA GUERRA DE PALESTINA DE 1948
DOMINA EL ARTE DEL NETWORKING
¡APRENDER NUNCA ANTES FUE TAN RÁPIDO!
www.en50minutos.es